LES FLEURS
et
LES FRUITS,
Abécédaire et Syllabaire,
III.ᵉ ÉDITION.

A PARIS,
A LA LIBRAIRIE D'ÉDUCATION
de PIERRE BLANCHARD Libraire
Galerie Montesquieu N.° 1 au Premier.

LES FLEURS

ET

LES FRUITS,

ABÉCÉDAIRE ET SYLLABAIRE,

AVEC DE PETITES LEÇONS TIRÉES DE L'HISTOIRE DES PLANTES,

Et orné de six Planches gravées en taille-douce.

QUATRIÈME ÉDITION.

PARIS,

A LA LIBRAIRIE DE L'ENFANCE ET DE LA JEUNESSE,
CHEZ PIERRE BLANCHARD,
GALERIE MONTESQUIEU, N° 1, AU PREMIER.

1825

PARIS. — IMPRIMERIE DE CASIMIR,
RUE DE LA VIEILLE-MONNAIE, N° 12.

a	A
b	B
c	C

d	D
e	E
f	F

g	G
h	H
i	I

j	J
k	K
l	L

m	M
n	N
o	O

p	P
q	Q
r	R

s	S
t	T
u	U

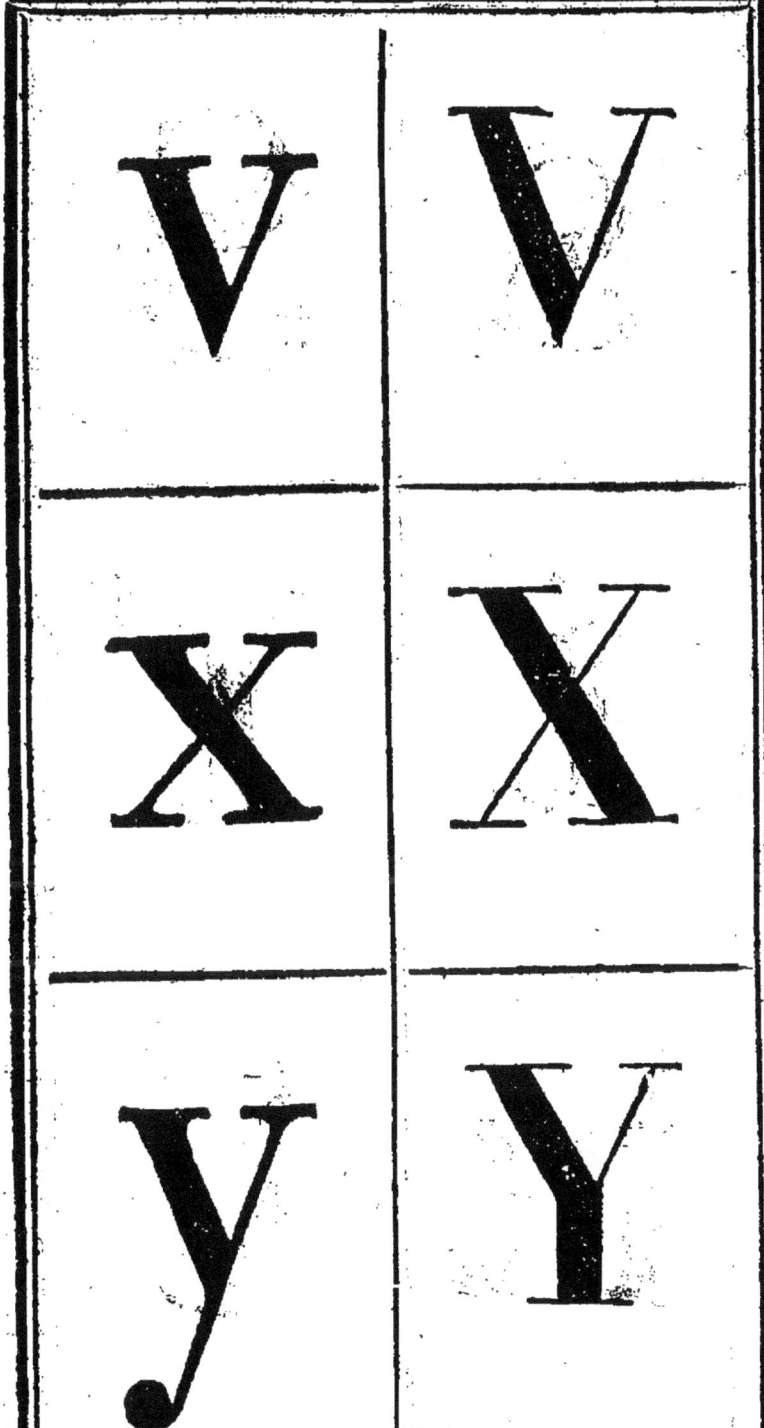

z Z

æ Æ

œ Œ

a b c d

e f g h

i j k l

m n o p

q r s t

u v x y z.

Les lettres doubles.

æ	œ	fi	ffi
fl	ffl	fl	ffl
ff	ſb	ſl	ſſ
ct	ſt	w	&.

œ	œ	fi	ffi
fl	ffi	fl	ffl
ff	ſb	ſl	ſſ
ct	ſt	w	&.

Voyelles.

a e i ou y o u

Syllabes.

ba be bi bo bu
ca ce ci co cu
da de di do du
fa fe fi fo fu
ga ge gi go gu
ha he hi ho hu
ja je ji jo ju
ka ke ki ko ku

la	le	li	lo	lu
ma	me	mi	mo	mu
na	ne	ni	no	nu
pa	pe	pi	po	pu
qua	que	qui	quo	qu
ra	re	ri	ro	ru
sa	se	si	so	su
ta	te	ti	to	tu
va	ve	vi	vo	vu
xa	xe	xi	xo	xu
za	ze	zi	zo	zu

MOTS A ÉPELER.

Syllabes simples et pleines.

Pa pa. Ma ri. A mi. Mi di. Jo-li. Po li. Dé jà. Nu mé ro. O pé-ra. Se ra.

Phrases formées de syllabes simples et pleines.

Si Mi mi a ri, pa pa la pu ni ra. Co co a dé jà

lu, pa pa ri ra.

Pa pa se ra i ci à mi di.

Syllabes simples et terminées par un e muet.

Ro se. Do se. Lu ne. Du ne. U ne. Ru e. Vu e. Vi e. Jo li e. Ra-ve. Ca ve. I ma-ge. Vo lu me.

Phrases à épeler.

Ma pe ti te a mi e Li li ne a é té sa ge.

U ne jo li e i- ma ge.

Pa pa i ra à Ro me.

Syllabes simples, et terminées par un e muet et un s.

Les da mes.
Mes da mes. Les

a mes. Les â nes.
Les ro ses. Les i-
ma ges. Les jo-
li es i ma ges. Les
pe ti tes i ma ges.
Des ro bes. De
jo li es ro bes. De
pe ti tes ro bes.
Mes pe ti tes a-
mi es.

Syllabes composées.

Mon. Ton. Son.
Bon. Vin. Lin.
Fin. Van. Tan.
Pan. En. Nos.
Vos. Dos. Tas.
Pas. Ras. Las.
Rat. Ris. Riz. Pis.
Car. Par. Pé rir.
Ra vir. Ver. Mer.
Mal. Pal. Tel.

Sel. Bel. Bec.
Sec. A vec. Un.
Pé tun. Ta bac.
Sac. Pot. Lot.
Or. Cor.

Phrases à épeler.

Ma man me don ne ra des bon bons tan tôt, si je lis u ne page en ti è re.

Syllabes plus composées.

Dans. Vent. Les vents. Dent. Les dents. Ser-pent. Les ser-pents. Lent. Len-te. Con tent. Con ten te. Vert. Ver te. Rond. Ron de. Mon-de. Mont. Les monts. Pont. Les. ponts. En fant. Les en fants. Part. Tard. Lard. Lé o pard. Parc. Arc. Tort. Port. A lors. Porc. Je dors. Il est. Ils sont.

Phrases à épeler.

Les en fants sa-

ges sont ré com-
pen sés.

On met en pé-
ni ten ce les en-
fants in do ci les.

Diphthongues.

Bien.   Lien.
Mien.   Tien.
Sien. Pied. Fier.
Pier re.   Lier.
Ma ri er. Liard.

Lui. Nuit. Puits.
Juin. Ciel. Fiel.
Miel. Je suis.

Phrases à épeler.

Il faut bien é-
tu dier, on ne
vous gron de ra
pas.

Deux voyelles ne faisant qu'un son.

Feu. Peu. Peur.
Ter reur. Bon-

heur. Mal heur.
Au. Mau ve.
Mou. Cou. Sou.
Pour. Tour.
Lourd. Lour de.
J'ai. J'au rai.
J'ai me. J'ai me-
rai. Ja mais.
Dais. Mai. Pain.
Main. Faim.
Daim. Vai ne.

Vei ne. Rei ne. Pei ne.

Plusieurs voyelles formant un seul son.

Dieu. Dieux. Cieux. Mieux. Vieux. Lieue. Eau. Peau. Veau. Beau. Suie. Essuie. Ap puie. Je joue. Je joue rai.

J'a voue. J'a-
voue rai.

Voyelles de suite, formant plusieurs sons.

Jou er. A vou er.
Rou er. Rou ir.
Jou ir. Su a ve.
Rou et. Fou et.

VOYELLES ACCENTUÉES.

Accent aigu (′).

É té. É co le. É co lier. Ré pé-
té. Ré fé ré. Ai mé. Por té.

L'é té a é té fort a gré a ble cet te an né e.

Un hom me ai mé. U ne femme ai mé e.

Accent grave (`).

Pè re. Mè re. Suc cès. Ac cès.
Mi sè re.

Accent circonflexe (^).

Pâ te. Pâ té. Tê te. Mê me. Gî-
te. Cô te. Cô té. Dô me. Flû te.

Tréma (¨).

Ha ïr. Na ïf. Na ï ve. Ca ïn. Si-
na ï. Sa ül. A ï eul. Vin d'A ï.

Ha ïr. Il l'a tou jours haï. J'aime sa na ï ve té, son air na ïf.

Oi.

Roi. Loi. Foi. Moi. Toi. Soi.
Voir. A voir. Boi re. Poi re. Loi-
re. Soin. Foin. Loin. Coin. Moins.
Point. Toit. Toi tu re. Il voit. Il
boit. A voi ne. Moi ne. Pi voi ne.

Poil. Toi le. Voi le. Toi se. Ar-
doi se. Oie. Foie. A boie. Joi e.
Sa voi e.

*Mots terminés par un g qui ne se
prononce pas.*

Sang. Rang. Ha reng. Seing.
Long.

Bla. Bra.

Blâ mer. Bles ser. Ou bli er.
Ob long. Blu ter. Sem bla ble.
 Bras. Em bras ser. Ar bre. Ar-
bris seau. A breu ver. A bru tir.
Bê te bru te. Bru tal.

Cla. Cra.

Clé men ce. Cli ent. Clo pin.
Clô tu re. Clou. Ré cla mer. Clan-
des tin. Clair. Clas se.
 Cra be. Crain te. Cra moi si.
Cram pe. Cré a teur. Crê me.

Cri er. Cri me. Cros se. Croû ton.
Cru el. Cru au té.

Dra.

Dra gon. Dra gée. Dres ser.
A dres ser. Droit. Drô le. Dra per.
Dra pier. Drap. Des draps.

Fla. Fra.

Flam me. Flam beau. Flamber. Fleur. Fleu rir. Fleu ve. Flotter. Flo ren ce. Flu i de. Flû te. Pan tou fle. Souf fle.

Fra cas. Fra gi le. Frais. Frai se. Fram boi se. Fran ce. Frè re. Fri and. Fro ma ge. Froid. Froi du re. Front. Fruit. Sou fre. Offre. Gau fre.

Gla. Gra.

Gla neu se. Gland. Glè be. Glis ser. Glis sa de. Glo be. Gloire. Ai gle. É pin gle.

Gra bat. Grand. Grap pe de
rai sin. Gre lot. Gri ma ce. Gron-
der. Gru au. Grue. O gre. Po da-
gre. Vi nai gre.

Pla. Pra.

Pla ce. Plai ne. Plat. Plein.
Pleu rer. Pli. Plomb. Plon ger.
Plu me. Pluie. Sou ple. Cou ple.

Pra li ne. Prai rie. Pré. Pris.
Prin ce. Prix. Pro cès. Pru ne.
A pre. A près.

Spa. Sta.

Spi ri tu el. Splen deur. Spon-
ta né.

Sta ble. Sta tue. Sto re. Stu pi-
de. Sty le. Sty let.

Tra. Tha. Thla.

Tra cas. Train. Trè fle. Trem-
bler. Tren te. Tribu. Tric trac.
Trois. Troi si è me. Trom per.

Trô ne. Trou ble. Ti tre. Ni tre.
A pô tre. Pâ tre.

Thé. Thé â tre. A pa thie.
A thé e. A thlè te. A thlé ti que.

Cha.

Chat. Chien. Cher cher. Char me.
Cha cun. Chi che. Chif fre. Chou.

Chra.

Chré tien. Chris ti a nis me. Jé sus-
Christ.

Ch *prononcé comme* k.

Or ches tre. É cho. Cho ris te. Eu-
cha ris tie. Chi ro man cie. Bac chus.

Vra.

Vrai. Vrai ment. Li vre. Vi vre.
Nous vi vrons. Li vrer. Je li vre rai.

Du Q.

Qui. Que. Quel que. Le quel. La-
quel le. Quoi que. Quand. Co quin.
Co que. Queue. Cro quet.

2*

Gue, gué et guè.

Ba gue. Da gue. Do gue. Fi gue. Li gue. Fu gue.

Dis tin guer. Dis tin gué. Nous dis-tin guons. Il dis tin gue roit.

Ci guë. Ré pon se am bi guë.

Son de l'S seul entre deux voyelles.

Di vi si on. A si le. Ré sis tan ce. Rai son. U sa ge. Il lu si on. Be soin. Choi sir. O ser. Ha sard. Ma ga sin.

Les deux SS.

Des sus. Des sous. Pas ser. Tous ser.

Son du Z au commencement du mot.

Zè le. Zig zag. Zé non. Zo ï le. Zo ro as tre. Zè bre. Zo di a que.

Son du Z au milieu du mot.

On ze. Dou ze. Trei ze. Qua tor ze. Sei ze. Sei zi è me.

Du Z à la fin du mot.

Le nez. As sez. Vous ai mez. Vous dan sez.

De l'X ayant le son de CS *joints ensemble.*

Xi xi. Xan tip pe. Xer xès. Per ple xe. A xe. Lu xe. Fi xe. Ex trê me. Styx. Lynx. Pré fix. In dex.

De l'X prononcé comme GZ *joints ensemble.*

E xer ci ce. E xa men. Xa vier.

De l'X prononcé comme deux SS.

Au xer re. Bru xel les. Six. Dix.

X *prononcé comme* Z.

Deu xiè me. Si xiè me. Di xiè me.

X *prononcé à la fin des mots comme* S.

Beaux hom mes. Oi seaux. Heu reux. Feux. Jeux. Per drix. Prix.

L'Y.

Moy en. Ci toy en. Roy al. Ap‑ puy er. Ay ez. Pays. Pay san. Ab bay e. Y eux. Il y a des gens hon nê tes, fiez-vous-y. Al lez-y.

Le T *prononcé comme deux* SS.

Pu ni ti on. In ven ti on. An non‑ci a tion. É di ti on. Por ti on.

Le Ç *cédille prononcé comme deux* SS.

Re çu. Gar çon. Fa ça de. For çat. Fran çois. Je re çois. J'a per çois.

Ph *prononcé comme* F.

Phi lo so phe. Phra se. Phy si que. Jo seph.

L *mouillé.*

Fil le. Quil le. Co quil le. Mouil‑ler. Meil leur. Ci trouil le. Pa troui‑le. Fau teuil. So leil. O seil le. Re‑cueil. Cueil lir. Feuil le. Ail. Bai. Pail le. Ba tail le. Re pré sail les. Vi eil lard. Vi eil les se. U ne vi eil le fil le. Il faut que j'ail le à Pa ris.

G *mouillé.*

Mon ta gne. Es pa gne. Al le ma‑gne. Com pa gne. Com pa gnie. Pei‑gne. Rè gne. A rai gnée.

Lettres doubles.

Ro sæ. Mu sæ. Vœu. Nœud. OEuf. Bœuf. Cœur. Chœur. OEil. OEil let.

H *aspiré.*

Le hé ros. Un hom me har di. Un ha reng. Les ha ri cots. La har pe. Le ha sard. La hu re.

H *non aspiré.*

L'hom me. Un hom me. Une hé‑ ro ï ne. L'hé ro ï ne.

Oi *prononcé comme* ai.

J'ai mois *ou* j'ai mais. Les François *ou* les Fran çais. J'a vois. Il avoit. Je jou ois. Il jou oit. Je croy ois. Il croy oit. Il croi roit.

De ent *prononcé comme* an.

Vent. Dent. Ar pent. Se re pent. Il ment. Il sent.

De ent *prononcé comme* e *muet.*

Ils ai ment. Ils men tent. Ils sen‑

tent. Ils se re pen tent. Ils dan sent. Ils ai moient *ou* ils ai maient. Ils men toient. Ils dan soient. Ils ai me roient. Ils dan se roient.

Quelques mots difficiles.

Corps. Les corps hu mains. Temps *ou* tems. Le prin temps. Les champs. Prompt. Un hom me prompt. Une fem me promp te. Un comp te d'argent. Com te. Mon si eur le com te. Al ma nach. Es to mac. Pa ra phra se. Gé o gra phe. Gé o gra phi e. Gé o gra phi que. Par fum. Diph thon gue. É pi lep sie. É pi lep ti que.

LES FLEURS ET LES FRUITS.

Il faisoit une de ces belles matinées du printemps où le soleil paroît si beau après les tristes jours de l'hiver. Les plaines se couvroient d'une verdure agréable, et les arbres s'embellissoient de leurs fleurs nouvelles.

M. de Valmont sortit avec son petit Victor, qu'il tenoit par la main. Victor n'avoit que cinq ans, mais c'étoit un enfant très-sage et qui s'entretenoit avec son papa, comme s'il eût été un homme. En voyant les poiriers tout couverts de fleurs blanches comme la neige, il sauta de joie, et pria son père de lui en donner un des plus beaux bouquets qu'il voyoit.

Vraiment, mon cher Victor, répondit le père, je suis assez content de toi pour ne point te refuser un petit plaisir. Mais ces fleurs que tu demandes sont plus précieuses qu'elles ne te le paroissent.

Comment donc! reprit l'enfant, est-ce qu'on ne peut pas jouer avec ces fleurs-là comme avec les marguerites de la prairie ? Tenez, voyez, mon papa, comme elles tombent autour de nous; la terre en est couverte comme s'il avoit neigé; si nous ne les cueillons pas aujourd'hui, il n'y en aura plus demain.

Je crois qu'en effet il n'y en aura pas beaucoup demain, répliqua le père ; mais ce n'est pas là une raison pour les détacher de l'arbre. Sais-tu ce que deviendront ces fleurs ? regarde d'un peu plus près les branches qui sont déjà dépouillées.

Ah! mon Dieu! s'écria Victor, on diroit que ces branches sont garnies de poires qui sont si petites qu'un oiseau en avaleroit une tout entière.

Tu ne te trompes point, dit le père; ce sont de petites poires que

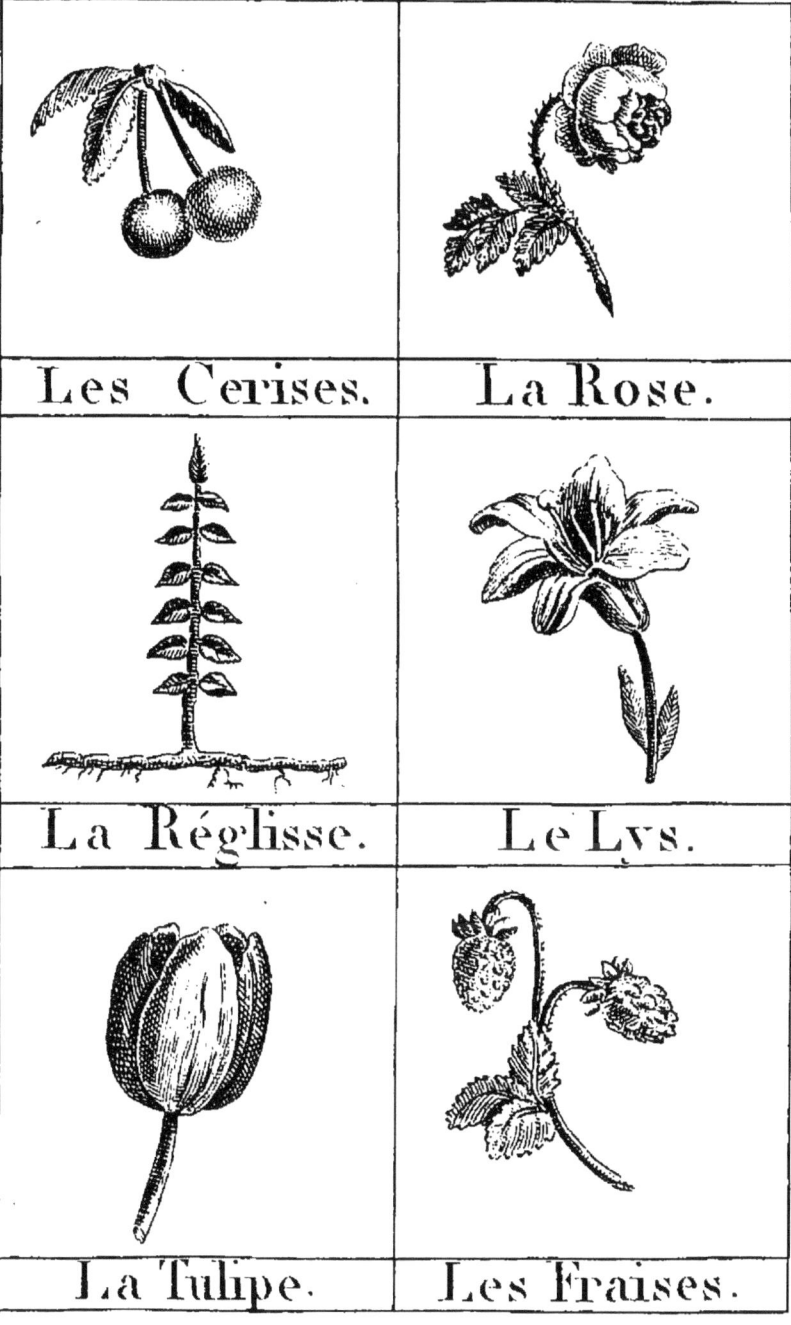

tu vois. Elles vont grossir peu à peu, et dans l'automne, quand je t'en donnerai une pour ton goûter, tu seras bien content de les avoir laissées mûrir.

Que ceci soit une leçon pour toi, mon fils, et t'apprenne à songer un peu à l'avenir : ne détruis point les fleurs qui donneront des fruits, et ne passe point tes jeunes années dans l'oisiveté ou la dissipation, afin que ton âge mûr soit orné de connoissances utiles.

LES CERISES.

Donnez une corbeille pleine de belles et grosses cerises aux enfants qui ont bien lu, et qui ont été sages.

La cerise est un fruit aussi agréable à la vue que délicieux au goût : rien n'est charmant comme un cerisier couvert de cerises bien rouges ; il est alors presque aussi beau que lorsqu'il étoit paré de ses jolies fleurs blanches au commencement du printemps. Les oiseaux s'empressent de lui faire leur cour, c'est-à-dire qu'ils viennent becqueter ses fruits mûrs.

C'est au mois de juin, dans la plus belle saison de l'année, que l'on cueille les cerises ; elles viennent à propos pour nous rafraîchir la bouche pendant les ardeurs du jour.

La cerise est saine, mais il n'en faut point faire un usage immodéré ; en général, quelque chose que l'on mange, il n'en faut prendre qu'à son appétit, et jamais au-delà.

Je dois avertir les petits gourmands qu'il est très - dangereux d'avaler les noyaux : ils restent long-temps sur l'estomac, qu'ils détruisent, et ils ne se digèrent point. On a des exemples qui prouvent que ces noyaux peuvent germer dans le corps.

Le cerisier est originaire de l'Asie. Un général romain, nommé Lucullus, l'apporta de la ville de Cérasonte en Italie; c'est de cette ville qu'il reçut son nom.

LA ROSE.

La jeune Pauline avoit cueilli une rose où l'on voyoit encore deux ou trois gouttes de la rosée du matin, et elle s'empressa de la porter à sa mère, qui aimoit beaucoup cette fleur. La mère embrassa l'aimable enfant pour la récompenser de son attention délicate.

On peut cueillir la rose, sans

craindre de se priver d'un fruit en automne : la rose ne semble naître que pour plaire à nos yeux, et embaumer l'air que nous respirons; quand elle a cessé de briller, il ne reste plus rien d'elle. On l'a surnommée *la reine des fleurs*, et ce beau titre lui convient sous tous les rapports; c'est le plus bel ornement de nos jardins; l'arbuste qui la produit forme un buisson déjà fort agréable par lui-même, et qui devient tout-à-fait charmant lorsque les roses parent son feuillage.

On a comparé la rose à la beauté : on a dit qu'elle brilloit de même, et qu'elle passoit aussi rapidement.

Les haies, dans les campagnes, offrent, parmi les ronces, des rosiers sauvages qui produisent des roses simples à cinq feuilles, de couleur blanche et incarnat, d'une odeur douce et assez agréable. Aux fleurs succèdent des fruits de forme ovale, rouges comme du corail dans leur maturité, et que les enfants s'amusent quelquefois à manger.

Il naît souvent au tronc ou aux branches du rosier sauvage une espèce d'éponge velue, grosse comme une petite pomme ou une grosse noix, légère, de couleur rousse, et hérissée d'une multitude de filaments qui lui forment un chevelu. Ce n'est autre chose qu'une tumeur à filigranes occasionée par la piqûre d'une espèce de moucheron qu'on appelle *cinips*. Ce moucheron, avec l'aiguillon qu'il porte à sa queue, perce le bouton d'où doivent sortir les feuilles du rosier, et y dépose ses œufs. La sève se porte vers cette piqûre avec plus d'abondance; elle y est attirée par les petits vers sortis de ses œufs, qui s'en nourrissent; c'est un petit berceau odorant où les jeunes cinips attendent le moment où ils sont changés en jolis moucherons.

LA RÉGLISSE.

Adrien suçoit un petit morceau de bois de réglisse, et ne se lassoit pas d'en faire l'éloge. Quand il l'eut bien tourné dans sa bouche, il s'avisa de demander ce que c'étoit que la réglisse; sa maman, qui étoit bonne, répondit à sa question.

La réglisse, lui dit-elle, est une plante haute de trois ou quatre pieds, à plusieurs tiges divisées par petites branches. Ses fleurs, petites et purpurines, sont disposées en forme d'épis à l'extrémité des tiges.

Oh! si j'en voyois dans les champs, de ces plantes, s'écria Adrien, j'en casserois de temps en temps de petites branches.

Je le crois bien, reprit la mère; mais ce ne sont pas les branches que l'on recherche, ce sont les racines. Ces racines sont jaunes intérieurement, roussâtres en dehors, grosses comme le doigt, et contiennent une sève sucrée que tu connois assez pour que je me dispense de te dire quel en est le goût. On se sert de ces racines pour donner aux tisanes une saveur plus agréable. Pour faire ce que l'on appelle le *jus de réglisse*, que tu connois aussi très-bien, on extrait cette sève sucrée dont je parle, on la rend épaisse et solide en la mettant sur le feu, et on en donne de petits morceaux aux personnes enrhumées et aux enfants bien sages.

LE LIS.

Le lis est le roi du parterre, comme la rose en est la reine ; balancé sur sa tige élancée, on ne lui compare que ce qui est majestueux : l'éclat de sa blancheur sert de symbole à la beauté : on dit d'une belle femme, *elle est blanche comme un lis.*

Il y a des lis jaunes, rouges, orangés, et à doubles fleurs ; mais le plus beau est le blanc ; son odeur est fort agréable.

Un jour Laurent fit bien rire ses camarades ; il avoit respiré le parfum d'un lis, et en avoit approché si près son nez, qu'il l'avoit tout barbouillé de poussière jaune. Il ne se doutoit guère de cela, et il étoit tout étonné de ce que l'on rioit quand on le regardoit.

LA TULIPE.

La tulipe est une fort belle fleur, mais elle le cède au lis : elle n'a ni sa grâce, ni son parfum agréable; elle plaît seulement aux yeux par ses couleurs vives et variées. On pourroit la comparer à un riche sot, qui n'est remarquable que par son habillement.

LES FRAISES.

Firmin et sa sœur Virginie se conduisoient comme deux très-aimables enfants : le matin ils lisoient leurs petites leçons sans murmurer ; ils jouoient ensuite une demi-heure, et ne se disputoient jamais. Chaque fois qu'ils venoient auprès de leur papa et de leur maman, ils les embrassoient ou leur faisoient quelques autres caresses. Ces bons parents, charmés de cette conduite de leurs enfants, cherchoient chaque jour à leur procurer quelque plaisir de leur âge. Une après-midi, le père leur dit : Allons, mes enfants, il faut profiter de cette belle journée. Je vous régale d'un beau plat de fraises; je suis sûr que l'on en a préparé pour nous dans le bois voisin : ne les laissons pas perdre.

Comment donc cela, mon papa ! demanda Virginie; qui peut nous avoir préparé des fraises dans le bois ?

Nous verrons cela quand nous y serons, répliqua le père. Marchons. Et l'on sortit.

En passant auprès d'un marais, le père dit à ses enfants : Coupez du jonc, et faites chacun une petite corbeille, comme vous les savez faire, afin de rapporter des fraises à votre mère : car il n'est pas juste que nous en mangions tout seuls.

Les enfants coupèrent du jonc et firent des corbeilles, mais en riant, bien persuadés que leur papa se moquoit d'eux. Comme ils achevoient ce travail, ils se trouvoient déjà sur la lisière du bois, ou plutôt du taillis, car on ne voyoit que de jeunes arbres qui s'élevoient pour remplacer les grands que l'on avoit coupés. Oh! oh! dit le père, je sens déjà la bonne odeur des fraises qui nous attendent. Et moi aussi! et moi aussi! s'écrièrent Firmin et Virginie, en sautant et battant des mains.

On entra dans le jeune bois, et

l'on vit une quantité de fraises de côté et d'autre.

Firmin, dit Virginie après la première surprise, avant de cueillir une seule fraise pour nous, nous devrions remplir nos corbeilles pour maman.

Oh! tu as raison, répliqua Firmin; dépêchons-nous. Et il se mit aussitôt à la besogne. Le père les loua beaucoup de cette attention délicate.

Quand les deux petites corbeilles furent pleines, les enfants se mirent à travailler pour leur compte : ils cueilloient et mangeoient à mesure ; ils n'avoient besoin ni de plat, ni de sucre : on eût dit de petits poulets qui ramassent des grains et les avalent aussitôt. Ce joli jeu dura jusqu'à la nuit. Le père dit alors qu'il étoit

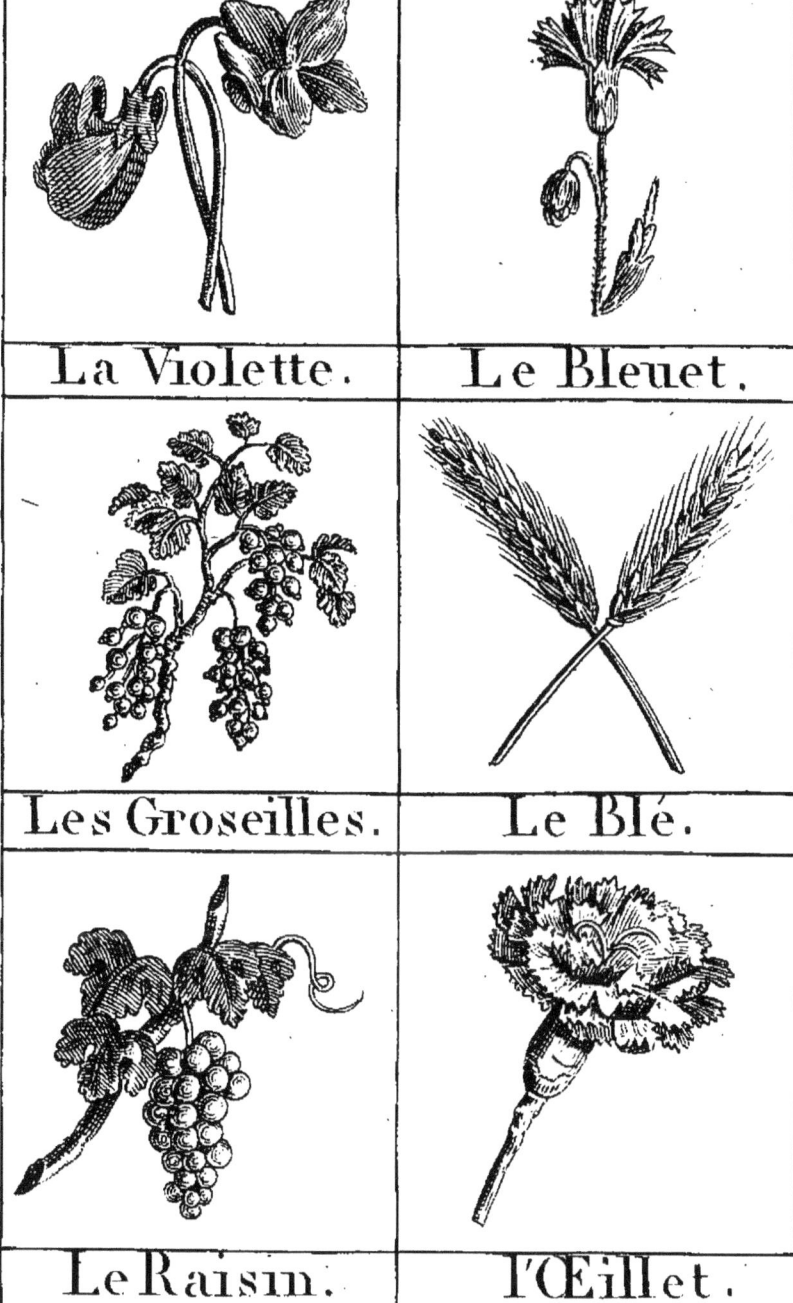

temps de retourner à la maison. Dès en entrant, les enfants élevèrent leurs corbeilles, et les présentèrent à leur mère; puis, venus auprès d'elle, ils lui racontèrent tout le plaisir qu'ils avoient eu dans cette soirée.

LA VIOLETTE.

A la fin de l'hiver, quand le soleil commence à réchauffer la terre, promenez-vous le long des haies, et une odeur douce et agréable vous avertira de la présence de la violette. Il faudra la chercher pour la cueillir, car cette aimable fleur se tient cachée sous les feuilles : aussi est-elle devenue l'emblême du talent modeste, qui fuit les regards.

On fait du sirop de violette, qui est très-rafraîchissant.

La *pensée* est une espèce de violette; elle est beaucoup plus belle, mais elle n'a point d'odeur.

LE BLUET.

Le bluet est cette jolie fleur bleue que l'on trouve communément dans les champs de blé. Quel enfant n'en a pas cueilli, au moins plein sa main ? La petite Félicie en fait de jolies couronnes, qu'elle place sur sa tête et sur celle de ses compagnes. C'est une parure fort agréable, mais elle ne dure qu'une après-midi.

LES GROSEILLES.

Une troupe d'enfants jouoient à la cligne-musette, joli jeu où l'on cherche ceux qui se sont cachés. Le petit Furet se cacha si bien, que l'on crut un instant qu'on ne le trouveroit jamais ; on l'appeloit, mais inutilement, le petit espiègle n'avoit garde de répondre. Enfin on remarque une branche qui s'agitoit toute seule ; on court voir cette merveille, et l'on découvre Furet.... Mais en quel endroit, s'il vous plaît ?... Au beau milieu d'un groseillier chargé de groseilles bien rouges et bien mûres. Il étoit là qui les expédioit fort tranquillement pendant qu'on le cherchoit bien loin de ce lieu. Son papa, qui le vit, lui pardonna cette petite gourmandise en faveur de l'invention.

Le groseillier se multiplie facilement : il suffit, pour avoir un de ces utiles arbustes, de planter en terre une petite branche que l'on a coupée par les deux bouts : cette branche pousse des racines, et devient un groseillier parfait. Les groseilles sont rafraîchissantes.

On en fait d'excellent sirop, et des confitures que vous connoissez trop bien pour que je sois obligé de vous dire ce que c'est : je suis sûr que ce mot seul de confiture vous fait venir l'eau à la bouche. Si vous êtes bien sages toute la journée, demain matin, à votre déjeûner, vous en aurez une très-jolie tartine.

Pour conserver des groseilles jusqu'à l'entrée de l'hiver, on empaille les groseilliers, c'est-à-dire qu'on les enveloppe soigneusement de paille, afin que le soleil ne dessèche point ses fruits, et que les oiseaux ne viennent pas les manger.

On donne le nom de groseilles à des fruits qui sont bien différents : aux groseilles *à maquereau*, qui naissent sur un arbuste épineux, et aux groseilles *noires* ou *cassis*, dont le bois et les feuilles ressemblent fort aux groseilliers, mais dont l'odeur, forte et balsamique, en diffère tout-à-fait.

Les groseilles mûrissent pendant le mois de juillet, le plus chaud de l'année..

LE BLÉ.

Cette plante n'est point de celles qui se font remarquer par leur taille et l'éclat de leurs fleurs; elle est comme l'homme utile auquel on ne fait pas grande attention, et dont cependant on ne peut se passer : que deviendrions-nous sans le blé? nous serions fort malheureux.

Mais faites ici, mes enfants, une réflexion bien consolante : Dieu a tout proportionné à nos besoins, et il a multiplié les espèces les plus utiles. Le blé, si nécessaire au genre humain, et qui nourrit une partie de la terre, est une des plantes les plus fécondes et les plus répandues : il s'accommode à tous les climats, et soutient aussi bien le froid que le chaud. Sa racine, composée de fibres déliées, pousse plusieurs tuyaux de quatre ou cinq pieds de hauteur. Ces tuyaux sont garnis, d'espace en espace, de nœuds qui leur donnent de la force : ils sont creux, ornés de feuilles longues, étroites, et se terminent par des épis qui, dans les mois de juillet et d'août, sont pleins de grains ovales. Ces grains contiennent une matière blanche qui, à l'aide d'un moulin, se réduit en farine. C'est, comme vous le savez, avec cette farine que l'on fait le pain.

La plante qui produit le blé est d'une fécondité singulière. Un naturaliste dit avoir vu dans les mains d'un laboureur, à Castelnaudary en Languedoc, un pied de blé composé de cent dix-sept tiges qui avoient cinq pieds de hauteur ; chaque épi contenoit soixante grains, et la touffe en tout sept mille vingt grains ; et tout cela venoit d'un seul grain de blé ! d'un seul !....

Généralement en France la multiplication du blé varie ; dans les terres médiocres, un boisseau n'en rend que deux ou trois ; dans les bonnes terres, huit à dix ;

et dans les meilleures, douze, et par extraordinaire quinze.

LE RAISIN.

Est-il possible, disoit Isidore en mangeant une belle grappe de raisin, est-il possible que ce soit ce petit vilain bois tortu qui ait produit une aussi bonne chose?

Tu vois, mon fils, répliqua le père, qu'il ne faut pas s'en rapporter aux apparences; et que l'on courroit risque de mépriser les hommes les plus sages, si l'on ne les apprécioit que sur les habits et la figure.

Comme tu le remarques, la vigne est un arbrisseau rampant, tortu, et qui est hors d'état de se soutenir de lui-même; il s'accroche à tout ce qui l'entoure. Ses feuilles sont grandes, belles et nombreuses; les fleurs, disposées en grappes comme les fruits, ne sont pas bien brillantes, mais elles exhalent un parfum délicieux.

Comme la vigne doit, dans l'état de nature, se soutenir à l'aide des arbres voisins, elle a reçu des attaches qu'elle jette de côté et d'autre, pour sonder ce qui est à sa portée, et s'y cramponner, s'il y a lieu. En Italie, et dans les contrées aussi

audes, on laisse monter la vigne à sa
lonté sur les grands arbres ; sur l'orme
tre autres, qu'elle couvre entièrement
ses longs rameaux et de ses feuilles
essées. Comme le soleil est ardent dans
s climats, sa force peut atteindre le rai-
dans ce massif de verdure, et lui don-
r le degré de maturité nécessaire ; mais
ez nous cette méthode ne réussiroit pas :
est essentiel, vu notre température, de
point trop la laisser pousser en branches
en feuilles ; ainsi on ne cherche qu'à
rêter cette partie de sa fécondité qui
urne au profit du fruit, et on l'attache
des échalas qui n'ont que trois, quatre
cinq pieds de haut.

La vigne aime les collines ; et les expo-
tions du midi et du levant lui sont en
énéral plus favorables que les autres : les
rres grasses ne lui conviennent point,
lles produisent un raisin aigre ; mais il
cquiert beaucoup de sucre dans les ter-
ains un peu maigres, légers et mélangés
e petits cailloux. Les soins qu'exige sa
ulture sont considérables, et demandent
'attention du vigneron pendant presque

toute l'année. Il s'agit de labourer et houer en différents temps, de tailler les branches gourmandes, d'attacher à l'échalas celles que l'on conserve, d'ôter les feuilles qui empêcheroient de recevoir les rayons du soleil nécessaires à sa maturité, et enfin de recueillir ce fruit, c'est-à-dire de vendanger.

C'est au mois d'octobre que l'on dépouille les vignes de leurs raisins mûrs. On coupe les grappes avec des ciseaux; on les dépose à mesure dans un panier, que l'on vide, lorsqu'il est plein, dans une hotte. Un homme va à son tour jeter la charge que contient cette hotte dans la cuve : là, on foule le raisin avec les pieds, et on l'y laisse jusqu'à ce que la fermentation soit établie. Quand le vin a été assez cuvé, on le met sous le pressoir pour exprimer le jus des grappes. Ce jus est d'abord doux et sucré; on l'enferme alors dans des tonneaux, où il subit une nouvelle fermentation, et devient le vin que nous connoissons. C'est la peau du raisin qui donne au vin une couleur plus ou moins rouge; c'est par la fermentation que cette teinture est détachée et mêlée avec le jus.

Par la distillation, on retire du vin l'eau-de-vie et l'esprit de vin ; par une nouvelle fermentation il devient vinaigre.

L'ŒILLET.

C'est une fleur charmante, et que l'on peut vanter après la rose ; elle est moins belle, mais son parfum est aussi agréable. L'art du jardinier sait varier les couleurs de l'œillet. On le multiplie de marcotte, c'est-à-dire en plantant une petite branche que l'on a coupée. L'œillet simple est le seul qui rapporte de la graine ; et vous remarquerez en passant que cela est commun à toutes les autres fleurs.

LE JASMIN et LE CHÈVRE-FEUILLE.

Faites monter le jasmin en espalier le long des murs de votre maison, et lorsque vous voudrez respirer l'air à votre fenêtre, vous respirerez en même temps une odeur délicieuse. Placez, auprès de cet arbrisseau couvert de feuilles légères, le chèvre-

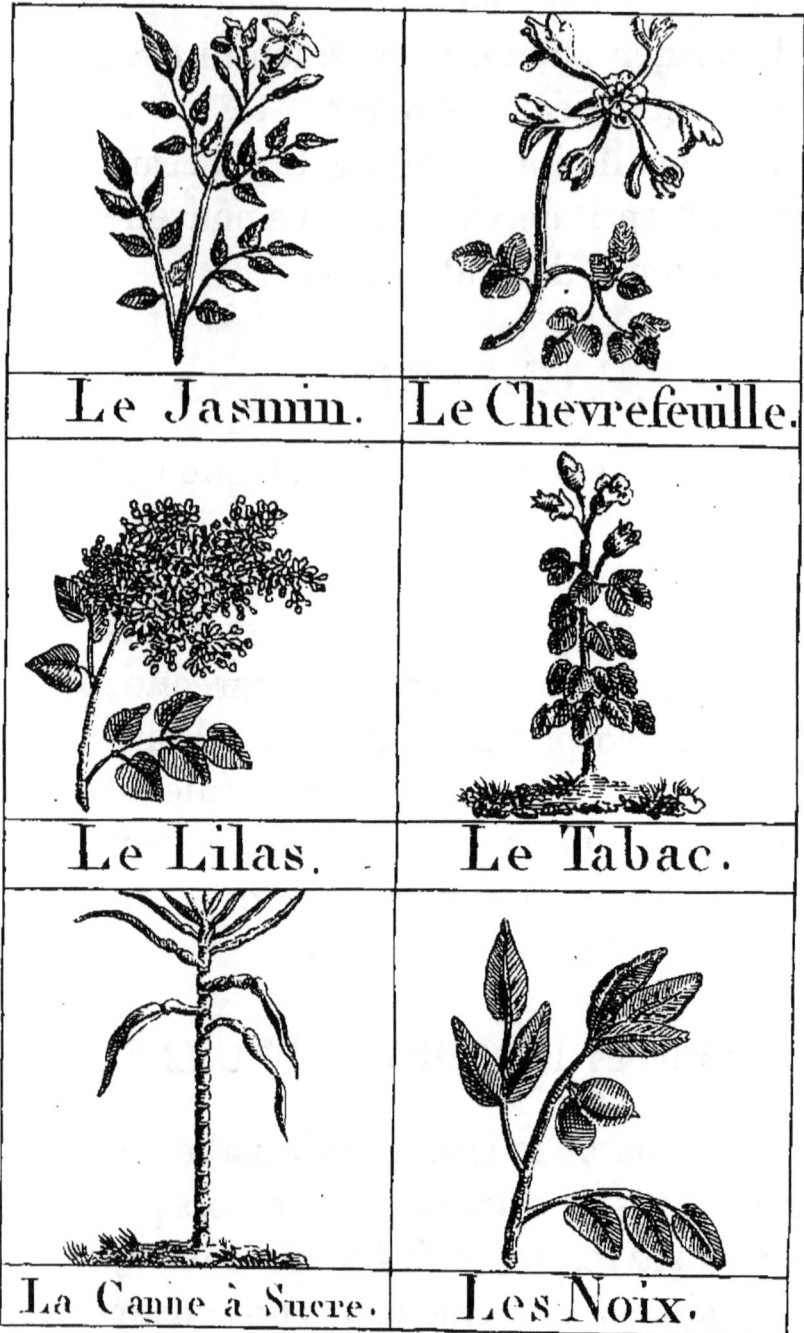

feuille, qui donne un ombrage épais, et vous formerez des berceaux qui braveront les ardeurs de l'été. Le jasmin nous vient des Indes : c'est un étranger qui demande quelques soins dans nos climats. Le chèvre-feuille est un habitant du pays, et qui croît de lui-même parmi les arbres de nos bois et les épines de nos haies.

LE LILAS.

C'est un des plus beaux arbrisseaux de nos bosquets ; il est originaire des Indes orientales, et s'est facilement naturalisé dans nos climats. Dès le commencement du printemps il se couvre de feuilles, et, quelques jours après, ses fleurs, en grappes magnifiques, offrent le spectacle le plus charmant, et répandent une odeur des plus agréables.

LE TABAC.

Vois-tu, Caroline, disoit Julien à sa sœur, vois-tu cette vilaine petite poudre noire que papa prend dans sa tabatière et porte à son nez ? Eh bien ! cela vient d'une plante. — Je le savois aussi bien que toi, répondit Caroline ; maman me l'avoit déjà dit. Elle a même ajouté que quelque jour elle m'en apprendroit davantage sur cette singulière plante.

L'occasion s'en présente naturellement, interrompit la mère qui les écoutoit ; je veux tenir ma parole : c'est une connoissance de plus que je vous aurai donnée.

C'est de l'Amérique que nous vient la plante dont on fait le tabac. Ce nom lui a été donné, parce que les Européens le trouvèrent la première fois dans une petite île de la mer du Mexique, appelée *Tabago*. Les habitants de cette île, qui étoient des sauvages, fumoient les feuilles desséchées de cette plante dans de longues pipes de bois ; quelquefois ils les faisoient brûler dans un brasier, et ils se rassembloient plusieurs tout autour, pour respirer cette fumée qui les enivroit, ou plutôt les étourdissoit. Ils y trouvoient beaucoup de plaisir. Cela vous auroit fait mal au cœur, à vous.

Les Européens, qui virent ces pauvres sauvages, s'avisèrent de les imiter ; ils fabriquèrent des pipes, et se mirent à fumer le tabac. Ce ne fut pas tout : on réduisit ce tabac en poudre, et on le prit par le nez. On alla plus loin encore : on en fit de petites boules, et on s'amusa à les mâcher, comme si c'eût été quelque chose de fort agréable au goût. Il n'y a guère que cent cinquante ans que l'usage du tabac a lieu en France. On le cultive maintenant aussi bien en Europe qu'en Amérique.

Il y a trois espèces de plantes de tabac : le grand, le moyen et le petit. Le premier pousse une tige haute de cinq à six pieds ; ses feuilles sont très-larges, d'un vert pâle, et glutineuses au toucher. Le haut de la tige se divise en plusieurs rejetons qui soutiennent des fleurs faites en godet. Cette plante a une odeur forte, et ne dure qu'un an chez nous ; mais au Brésil elle en vit douze, et fleurit continuellement. Le tabac moyen ne diffère du grand que par ses feuilles qui sont plus étroites. Le petit tabac s'élève à deux pieds ou environ.

On ne recherche que les feuilles dans cette plante : on les fait dessécher, et ensuite on les réunit en rouleaux. On se contente de hacher en petits morceaux celles que l'on destine à être fumées ; on met dans un moulin, et on réduit en poudre celles qui doivent remplir la tabatière de votre papa.

Mes enfants, comme l'usage du tabac ne produit en général aucun bien, je vous engage fort à n'en prendre, quand vous serez plus grands, que le moins qu'il vous sera possible. Tâchez de n'en point contracter l'habitude.

LA CANNE A SUCRE.

Auriez-vous jamais cru que le sucre vînt d'une plante ? c'est cependant une espèce de roseau qui le produit. Ce roseau ne croît point dans nos contrées ; il ne se plaît que dans les pays chauds, et c'est principalement en Amérique qu'on le cultive.

Ce roseau, que l'on appelle *canne à sucre*, s'élève à huit ou dix pieds ; sa tige, qui a un pouce et demi de diamètre, est pesante, cassante, d'un vert tirant sur le jaune ; les nœuds, qui sont à trois doigts ou environ les uns des autres, sont saillants, et donnent des feuilles longues de trois à quatre pieds ; la fleur paroît au bout de la tige, comme un beau panache.

C'est entre les nœuds de la tige que se trouve le sucre. N'allez pas vous imaginer qu'il s'y trouve déjà tout formé, et tel que vous le mangez ; ce n'est qu'une liqueur visqueuse, mais déjà douce et sucrée.

Pour obtenir cette liqueur, on met les cannes que l'on a coupées sous un moulin qui les presse fortement. On fait bouillir la liqueur dans de grandes chaudières avec des cendres et de la chaux ; on l'écume : elle se clarifie ; puis, en se refroidissant elle se cristallise un peu. On fait fondre ce sucre grossier pour le purifier, et il devient ce qu'on appelle la *cassonnade*. On le raffine ensuite en le faisant cuire avec du sang de bœuf, qui le clarifie encore, et en le mettant dans des vases de terre qui ont la forme du pain de sucre. Cette opération est répétée plusieurs fois ; de manière que le morceau de sucre que vous mettez dans votre bouche a coûté bien des peines et des sueurs avant de parvenir jusque-là.

LES NOIX ET LES NOISETTES.

Voyez ces beaux noyers qui bordent la route : ils offrent un ombrage agréable au voyageur ; et leurs feuilles, légèrement frottées, répandent une odeur qui plaît à bien des personnes. A l'automne, ils donneront leurs fruits. Ces fruits, que l'on appelle *noix*, sont une des ressources des pauvres gens pour l'hiver. Les jeunes noix se mangent sous le nom de *cerneaux*. Quand elles sont mûres, le *brou* qui les entoure se dessèche, s'entr'ouvre, et laisse tomber les noix, que l'on s'empresse de ramasser. C'est alors qu'on voit des petits polissons qui, peu contens de celles qu'ils trouvent par terre, lancent des pierres dans les branches pour faire tomber celles qui sont encore sur l'arbre. Malheur à eux, si le fermier entend les pierres qui sifflent en déchirant les feuilles ! Il accourra aussitôt avec son gros chien, et le mettra aux trousses des petits voleurs.

Quand les noix sont sèches, on les

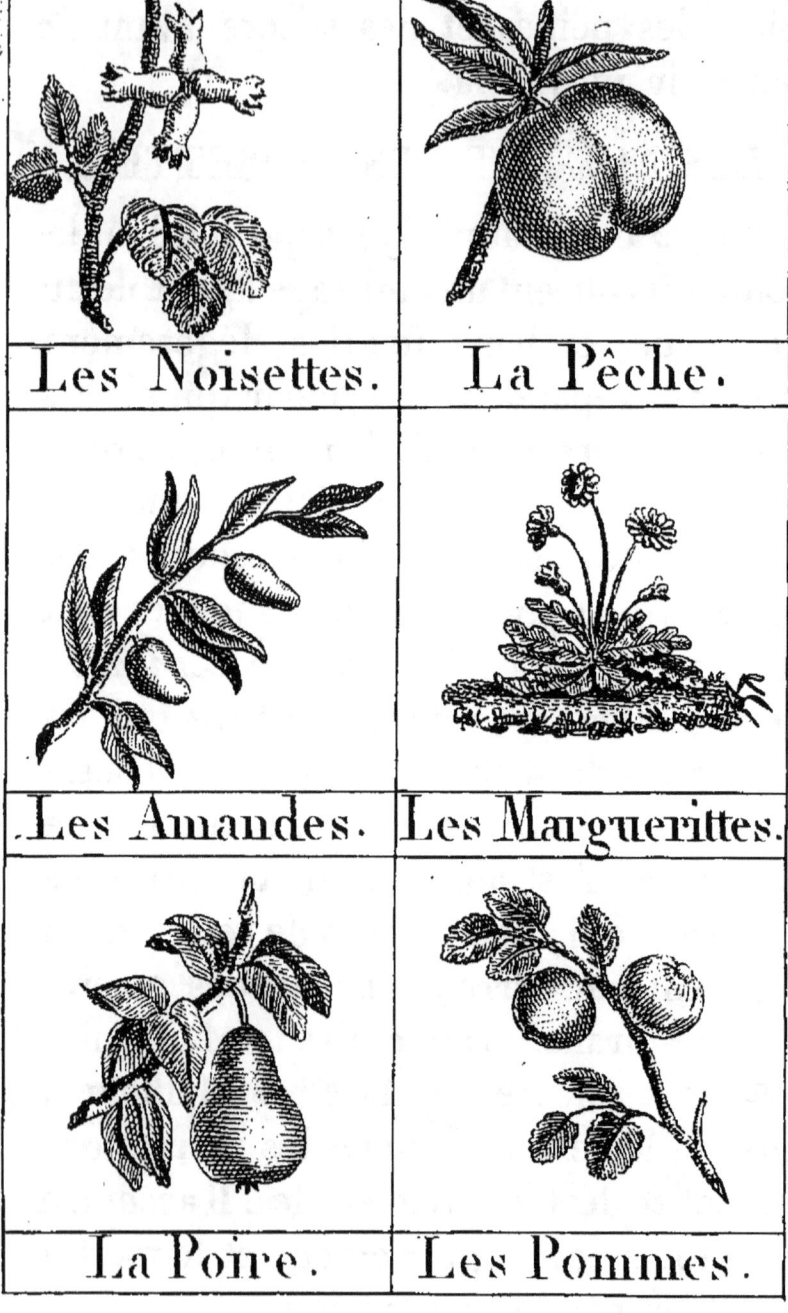

Les Noisettes.	La Pêche.
Les Amandes.	Les Marguerittes.
La Poire.	Les Pommes.

casse, et on les porte à un moulin, où on les presse si fort, qu'il en sort de l'huile en abondance. Cette huile, dans sa nouveauté, est assez bonne à manger; mais on l'emploie plus ordinairement pour la lampe, ou pour la composition des vernis; elle sert aussi en peinture.

Avec le brou, c'est-à-dire cette enveloppe verte qui entoure la noix sur l'arbre, on fait une teinture noire et une liqueur fort agréable qu'on appelle *brou de noix*.

Mais ce ne sont pas là tous les services que rend le noyer. Son bois est recherché, et l'on en fait des meubles qui rivalisent avec ceux d'acajou.

La noisette, que vous aimez tant à croquer, n'est pas aussi utile que la noix: bien des gens, à la campagne, se contentent de noix sèches pour un repas; mais on ne mange jamais les noisettes que par surcroît, et, si je puis le dire, pour s'amuser. On en tire une huile employée par les peintres et les parfumeurs : ces derniers s'en servent pour recevoir le principe odorant, c'est-à-dire le parfum des fleurs.

LES PÊCHES.

Je n'ai pas besoin de vous dire ce que c'est qu'une pêche, vous le savez de reste; et si l'on vous en donnoit une en ce moment, vous ne seriez pas embarrassés de ce que l'on en doit faire. La pêche est un fruit délicieux: c'est bien dommage qu'il ne dure qu'un moment, et que l'on ne puisse pas le conserver comme les poires et les pommes; il est aussi agréable à la vue qu'au goût.

C'est la Perse qui a fait présent du pêcher aux autres parties de la terre où il peut s'acclimater. Ses fleurs, d'un rose un peu foncé, sont assez jolies; elles se hâtent de naître au commencement du printemps, et quelquefois cet empressement leur coûte cher : une seule gelée suffit pour leur donner la mort : alors, adieu les pêches.

LES AMANDES.

L'amandier ressemble beaucoup au pêcher; son fruit, quoique différent, ressemble aussi à la pêche; mais dans cette dernière on mange la chair du fruit, et l'on jette le noyau, tandis que, dans l'amande, on ne recherche que le noyau, et que l'on méprise la chair. Je suis bien sûr que vous connoissez aussi les amandes : vous en avez croqué plus d'une; ainsi n'en parlons plus.

LES MARGUERITES.

Il faut voir les marguerites émailler les prairies au commencement du printemps; c'est le plus joli coup d'œil du monde. Oh! les enfants peuvent se rouler tout à leur aise sur ces prairies nouvelles; ils peuvent aussi cueillir ces petites marguerites bordées de rouge. Qu'ils en remplissent leurs mains; qu'ils s'asseyent ensuite sur l'herbe, et fassent des guirlandes et des couronnes qu'ils mettront sur leurs cheveux en revenant de la promenade : cela les amusera beaucoup.

LES POIRES ET LES POMMES.

Voilà les meilleurs et les plus utiles fruits de nos contrées. On peut les garder pendant toute l'année, au moins les pommes. On les mange tels que l'arbre les

www.ingramcontent.com/pod-product-compliance
Lightning Source LLC
LaVergne TN
LVHW020951090426
835512LV00009B/1830